AF263096

ANTHROPOLOGIE

DE

LA LORRAINE

PAR

Le Dr R. COLLIGNON

Des Sociétés d'anthropologie de Paris, Lyon, Bruxelles, etc.

———

NANCY

IMPRIMERIE BERGER-LEVRAULT ET Cie

11, rue Jean-Lamour

—

1886

Anthropologie
DE LA LORRAINE

PAR

Le Dr R. COLLIGNON

Des Sociétés d'anthropologie de Paris, Lyon, Bruxelles, etc.

La science est assez pauvre en documents positifs permettant de se faire une idée exacte de ce qu'était la Lorraine aux époques préhistoriques. Les silex taillés de l'époque paléolithique y sont très rares, les haches polies et les pointes de flèches de l'époque de la pierre polie relativement communes, mais les quelques ossements humains qu'on y a découverts jusqu'ici ne remontent pas au delà de cette dernière période. Faut-il en conclure que précédemment notre pays était inhabité, couvert peut-être par d'épaisses forêts, dont la forêt des Ardennes serait un dernier vestige, ou plus simplement, et comme je le croirais volontiers, que le hasard n'a pas encore amené les chercheurs au bon endroit et en temps utile. Il me semblerait, en effet, difficile d'admettre qu'au temps où les vallées de la Seine, du Rhin et même de la Meuse, dans sa partie belge, nourrissaient une abondante population, une région aussi richement dotée que les vallées de la Moselle, de la Meurthe et de la Haute-Meuse fût restée vierge de tout centre habité. Quoi qu'il en soit, les seules découvertes d'ossements humains antiques faites, dans le pays, jusqu'ici[1], se réduisent à trois : 1° les brèches osseuses des cavernes de Pierre-la-Treiche aux environs de Toul; 2° le puits sépulcral de Cumières dans la Meuse; 3° un crâne du dolmen de Saint-Mihiel. De la première, il y a peu à dire au point de vue qui nous occupe, les ossements fracturés à l'infini et empâtés dans une gangue calcaire d'une extrême dureté ne se prêtent pas aux mesures. L'examen d'un frontal et d'un humérus à cavité olécrânienne perforée, des deux mâchoires inférieures et de quelques autres débris osseux conservés au Musée de Nancy, permet tout au plus de penser à une race de petite taille, à tête sensiblement arrondie. A Cumières, heureusement, la découverte offre plus d'intérêt. M. Liénard a pu

---

1. Grâce à la découverte d'une station funéraire de l'âge du bronze à Villey-Saint-Étienne et à des fouilles récentes faites dans les tumulus de la forêt de Haye par M. Barthelémy, nous possédons de plus quelques renseignements anthropologiques sur cette période des temps préromains. Voir la *Notice sur la géologie et l'archéologie préromaine des environs de Nancy.*

recueillir, dans un puits sépulcral entamé par une tranchée de chemin de fer, sept crânes entiers que tous leurs caractères rattachent à la race de Furfooz [1] de M. de Quatrefages. Il semble cependant que, dès cette époque, il y ait eu déjà du métissage, car l'un d'entre eux, brachycéphale vrai, est en tout l'analogue du crâne de la Truchère, alors qu'un autre se rapprocherait plutôt du type de Grenelle (carrière Hélie).

J'ajouterai qu'il ne semble pas que ces deux séries d'ossements puissent être considérées comme de même race. A Pierre-la-Treiche, nous trouvions des tibias de forme triangulaire associés à des humérus perforés, alors qu'à Cumières, au contraire, les tibias sont en lame de sabre (platycnémiques) et les humérus dépourvus de perforation, particularités qui, sans avoir une valeur absolue, ne laissent pas que d'être fort importantes pour éclairer le difficile problème de la détermination des races préhistoriques.

Si nous en venons enfin au crâne trouvé sous le dolmen la *Table-du-Diable*, à Saint-Mihiel, nous lui rencontrons un type absolument différent. La tête est longue, d'une dolichocéphalie de 74,23 et rappelle de tous points le type d'Engis, dont elle présente les saillies sus-orbitaires considérables et le front étroit. On a donc là le seul représentant, découvert en Lor-

1. *Indice céphalique des sept*, 80, etc. Voir *l'Espèce humaine*, par de Quatrefages, p. 250, et ses *Crania ethnica*.

raine, de la race de Cro-Magnon, si répandue dans les sépultures du midi de la France.

En somme, ce que nous savons à ce sujet, se réduit à peu de choses à savoir qu'aux temps de la pierre polie (car aucune des trois trouvailles ne nous ramène plus haut), la vallée de la Haute-Meuse, jusqu'à la hauteur de Verdun au moins, était occupée par des tribus à tête globuleuse, où le type de Furfooz prédominait, qu'un peu plus bas, on signale celui de Cro-Magnon, et que, vers la même époque, une population d'une race probablement différente encore, occupait les cavernes de la vallée de la Moselle dans la région de Toul.

Au début de la période historique, la Lorraine était comprise dans la Gaule-Belgique de César, les principaux peuples qui l'habitaient étaient les Leuques et les Médiomatriciens. Les auteurs anciens, César, Appien, Tacite, Strabon, etc., s'accordent tous à les considérer comme des Germains d'origine transrhénane. De leurs descriptions, il ressortirait qu'ils étaient grands, *celsioris staturæ*, blonds, *rutili*, d'un teint clair, *candidi*, les yeux bleus, *cærulei oculi*, bref, qu'ils présentaient tous les caractères physiques des races germaniques du Nord, et, pour parler anthropologiquement, de la race nommée kymrique par Broca, ou gauloise par Topinard; il ressort cependant des mêmes textes que l'arrivée en ces pays, des divers bans successifs d'envahisseurs, se serait produite à une

relativement récente, variant d'après les divers auteurs qui ont tenté de porter la lumière sur ces
questions délicates, du dixième au douzième siècle
avant notre ère [1]. Ils y rencontrèrent une population
formée suivant toute apparence de Celtes mêlés aux
débris des races préhistoriques précédentes. Les Celtes étaient, en effet, devenus *historiquement* maitres
du pays depuis 1500 ans avant notre ère au moins, si
même on ne doit pas, avec plusieurs archéologues,
attribuer l'introduction des métaux dans notre pays
aux premières tribus de cette race, ou encore les rat-
tacher, comme y tendrait M. Lagneau, aux brachi-
céphales préhistoriques des époques de la pierre polie
et de la pierre taillée, dont, ainsi que nous l'avons dit
plus haut, nous avons retrouvé les restes à Cumières
et à Pierre-la-Treiche.

Quoi qu'il en soit, et sans oser émettre une opi-
nion absolue en semblable matière, nous devons sup-
poser que les conquérants germains, tout en s'éta-
blissant sur le sol, n'en détruisirent pas les premiers
occupants. Ces derniers se soumirent, ou, abandon-
nant les plaines fertiles et les vallées aux conquérants, se retirèrent dans les régions boisées et monta-
gneuses des Vosges et de l'Argonne, où ils surent si
bien résister à l'assimilation étrangère que, comme

1. Voir G. Lagneau, *De quelques dates reculées intéressant
l'ethnologie de l'Europe centrale. Revue d'anthropologie*, 1880,
p. 442.

nous le verrons plus tard, l'anthropologiste les y retrouve à l'heure actuelle avec leurs caractères ethniques, spéciaux, parfaitement distincts, et regagnant même par la loi du nombre les régions antérieurement perdues. — La conquête romaine dut peu influer sur la constitution anthropologique du pays. Nos ancêtres gaulois se civilisèrent, mais ne se romanisèrent pas, car si l'on examine les ossements trouvés dans les tombes de l'époque gallo-romaine, comme ceux de l'ancienne Scarponne, ou de l'époque mérovingienne tels que les crânes de Liverdun du musée de Nancy, ou d'autres encore découverts à Verdun, pour ne parler que de ceux que j'ai eus entre les mains, on leur trouve à tous un type commun, le type germanique septentrional, race kymrique de Broca, type des Reihengrœber des auteurs allemands. J'en résume rapidement la description, Taille élevée. — Crâne sous-mésaticéphale [1], un peu bas, net, d'une leptorhinie peu accusée, face longue légèrement prognathe dans la portion alvéolo-sous-nasale, occipital saillant et enchâssé dans la tête à la façon d'un verre de montre.

A l'heure actuelle, au contraire, le changement est absolu, aux têtes allongées ont succédé les têtes rondes, aux caractères germains les caractères celtiques.

1. *Indice céphalique*, 76-5. J'emploie la nomenclature quinaire de Topinard.

Qu'on se contente de regarder en passant les campagnards lorrains, ou que, s'adressant aux morts, on fouille les ossuaires et les cimetières de toute la Lorraine, le résultat est le même, aussi bien dans la partie française que dans la région réputée allemande, la majorité et, dans certains points, la totalité des individus, sont brachycéphales, puisque la moyenne de mes mensurations sur le crâne leur donne un indice moyen de 83,4 et sur le vivant de plus de 85.

Par ce caractère déjà on voit qu'anthropologiquement le Lorrain se rapproche du Celte, mais si l'on compare deux à deux les divers indices crâniens et faciaux à une série celtique provenant d'une région où cette race s'est conservée aussi pure que possible, c'est-à-dire à la grande série de 172 Auvergnats de Saint-Nectaire-du-Haut, mesurée par notre regretté maître Broca, on voit qu'il y a presque identité entre les deux.

Sept indices sur huit coïncident à peu près mathématiquement, aussi bien du moins que pourraient le faire, étant donnés les variations individuelles et le hasard qui préside à la formation des groupes, deux séries de même force prises par le même opérateur en une localité donnée.

D'après ces mesures, nous pourrons donner du crâne lorrain la description suivante. Crâne arrondi sous-brachycéphale (brachycéphale vrai d'après la nomenclature ancienne de Broca), de fortes dimensions et de grande capacité. Front large et bombé à glabelle saillante, occiput aplati (ce qui est presque caractéristique pour la race celtique). La face est allongée mais semble très large au premier coup d'œil en raison de l'écartement et de la force des pommettes. Elle ne présente aucune trace de prognathisme ni maxillaire ni dentaire. Nez long (leptorhinien). Orbites moyennes (mésosèmes).

Il est bien entendu, toutefois, que ceci n'est qu'une moyenne s'appliquant à tous les crânes lorrains examinés, sans qu'il ait été fait aucun triage. L'étude porte donc sur une population et non sur une race, et en séparant la série en deux on isolerait facilement un groupe très nombreux absolument celtique, et d'autre part une faible minorité de crânes à caractères germaniques, qui permettraient de se faire une idée du rapport proportionnel des deux races en présence, et d'expliquer les petites divergences de chiffre qui séparent les Lorrains des véritables Celtes d'Auvergne.

Notons enfin pour terminer que l'atavisme ramène parfois des types plus anciens encore, témoin cette calotte crânienne trouvée en 1880 à Nancy, et qui présentait au plus haut degré tous les caractères de la race du Néanderthal, cette doyenne, semble-t-il, des populations européennes.

Dans le rapide exposé des principaux éléments ethniques, ayant pu contribuer à former les popula-

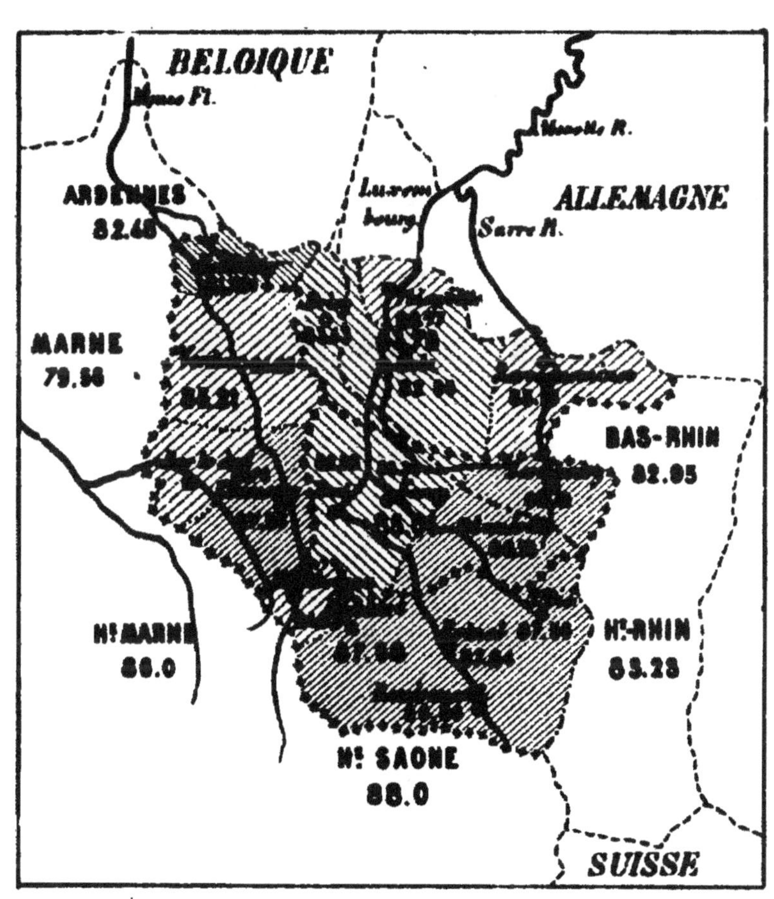

BELGIQUE
ALLEMAGNE
ARDENNES
82.48
LUXEMBOURG
MARNE
79.56
BAS-RHIN
82.05
Ht MARNE
86.0
Ht RHIN
83.23
Ht SAONE
88.0
SUISSE
Zone Kymrique   81
Zone métissée   82 et 83
Zone Celtique pure   84 et 85
                       86 et au dessus

tions actuelles de la Lorraine, on s'étonnera peut-être de ne pas me voir appuyer sur les innombrables invasions qui ont amené de tout temps les peuples du Nord dans notre pays, comme sur la grande route par laquelle ont passé, de siècles en siècles, les ennemis de la France. A bien réfléchir, la chose est pour nous d'un intérêt plus que secondaire : 1° parce que si nous mettons à part les Huns d'Attila, tous les autres envahisseurs n'étaient que des tribus ou des peuples germaniques appartenant tous *anatomiquement* à cette race blonde qui dominait déjà dans notre pays à l'époque romaine, et qu'il serait aussi impossible qu'inutile de tenter d'en séparer ; 2° parce qu'une armée traverse un pays et ne le colonise pas, et que l'inexorable loi de la concurrence vitale fait tôt ou tard absorber le plus petit nombre par le plus grand et le vaincu par le vainqueur. Les vieilles races berbères et numides, mille fois écrasées et décimées, ont fini par absorber Phéniciens et Romains dans l'Afrique du nord, comme elles y noient peu à peu aujourd'hui leurs maitres arabes : les Celtes en Lorraine ont fait de même, et, lentement, par la seule force du temps et des choses, ils regagnent le terrain perdu en s'unissant à leurs anciens conquérants. Je ne veux pas dire pourtant qu'à l'heure actuelle le Lorrain soit encore un Celte pur ; mais l'étude anthropologique du vivant va nous montrer dans quelle mesure il s'est allié au Germain, quels sont les résultats de cette fusion, et quel type nouveau est sorti de ce métissage.

Examinés à ce point de vue, les Lorrains sont de grande taille. D'après les tables de Boudin sur la répartition de la taille en France, ils arrivent dans les premiers avec une moyenne d'environ 10 p. 100 de jeunes gens ayant plus de 1^m,732. De même les exemptés pour défaut de taille y sont assez rares, car les quatre départements (ces mesures portent sur la période 1831 à 1860) arrivent avec les n°ˢ 11 Moselle, 18 Meuse, 25 Vosges et 26 Meurthe, avec une moyenne de 48,49 exemptés sur 1,000 inscrits, alors que dans la Haute-Vienne, par exemple, ce chiffre s'élève à 167,3. Ce caractère les a fait classer par Broca et Topinard dans la zone kymrique française, zone qui correspond, comme on sait, à la Gaule-Belgique de César. Les proportions relatives des diverses parties du corps sont d'ailleurs en concordance assez exacte avec ce fait. Dans un travail récent, auquel je me permets de renvoyer le lecteur[1], j'avais entrepris l'étude des principales races françaises, Celtes, Kymris et Méditerranéens, en y comparant une série de Lorrains. Les conclusions auxquelles on arrive dans l'étude des divers segments du corps et des membres sont que le Lorrain se rapproche plus du Kymris que du Celte.

1. *Étude anthropométrique élémentaire des principales races de France*. Voir *Revue générale d'anthropologie de Paris*, 1883.

De même si nous passons à l'étude des diverses proportions de la tête et de la face, *dans le sens de la hauteur*, l'identité des Lorrains et des Kymris est presque absolue. J'entends dire par ces mots que pour une tête de hauteur égale, mesurée par projection du vertex au menton, les divers segments de la face, naissance des cheveux, glabelle, racine du nez, épine nasale, espace interdentaire, concordent absolument dans ces deux séries et diffèrent notablement des mêmes proportions mesurées chez le Celte. Mais là s'arrêtent les analogies ; si nous passons à l'étude de la tête dans ses diamètres antéro-postérieurs et transversaux de toute espèce, nous retrouvons au contraire tous les caractères des races celtiques à leur maximum.

L'indice céphalique est, on le sait, le plus précieux de tous les procédés de répartition des races ; aussi après avoir constaté qu'une énorme différence de 5,57 existe entre les indices lorrains et kymriques, croyons-nous bon d'en pousser l'examen plus loin et d'en étudier la répartition, non seulement par département, mais même par arrondissement[1]. La taille, en effet, est un excellent moyen de séparation des races, mais

---

1. Les chiffres que je présente aujourd'hui ne sont pas définitifs, je les extraits d'un travail en cours d'exécution sur la répartition de l'indice céphalique en France par département. Je ne doute cependant que les chiffres actuels puissent varier sen-

elle peut varier sous des influences diverses, le bien-
être, comme l'a récemment démontré M. J. Carret
en Savoie, la nature du sol, l'alimentation, etc., etc.,
toutes choses sans action sur la forme de la tête qui
ne dépend que de causes purement ethniques. La
petite carte ci-jointe résume la question. L'indice
céphalique de plus de 200 Lorrains est d'une manière
absolue de 85,30. Par départements, la Moselle, qui
se rapproche le plus de l'Allemagne, est sous-brachycéphale avec un indice de 83,78. En second lieu vien-
nent la Meurthe, 85,05, et la Meuse, 85,21, qui pré-
sentent sensiblement le même indice, enfin les Vosges,
très brachycéphales, arrivent à 87,50. La répartition
par arrondissement est plus intéressante, bien que
le nombre relativement faible de chaque petite série
ne donne pas peut-être une exactitude rigoureuse. En
tous cas, nous remarquons un fait prédominant : la
région montagneuse est très brachycéphale, la région
des vallées l'est sensiblement moins. Des deux côtés,
sur la chaine des Vosges, comme dans l'Argonne,
l'indice céphalique est au-dessus de 85, et plus la région est accidentée et de haute altitude, plus ce indice
s'élève, atteignant 87 et 88 dans la région ouest du
département des Vosges, pour s'abaisser graduelle-
ment en montant du sud au nord et arriver à 85 dans
l'ancien arrondissement de Sarreguemines d'une part,
dans ceux de Bar-le-Duc et Verdun de l'autre. La vallée, c'est-à-dire les arrondissements de Toul, N

Briey, Metz, sauf une enclave brachycéphale du côté de Thionville, sont à 83 et 82. Il en est de même dans la Meuse des environs de Montmédy, qui s'abaissent à 81,7, probablement par suite de leur proximité avec la Belgique. La chose s'explique facilement, comme nous le disions précédemment, les lieux les plus inaccessibles ou les moins fertiles, ont de tout temps été le refuge et l'asile des vaincus, tels l'Auvergne et la Savoie en France, les massifs de la Kabylie en Algérie; c'est donc là, dans la montagne, que nous devions retrouver les Celtes chassés par les invasions germaniques, alors que leurs vainqueurs se cantonnaient dans les plaines, au bord des grands cours d'eau, dans les larges vallées de la Moselle, de la Meurthe et de la Seille. Celle de la Meuse, plus resserrée, a dû être moins solidement occupée, aussi le type celtique y prédomine partout, même dans les villes. Remarquons aussi que, sur le vivant, l'indice céphalique des races germaniques blondes est d'environ 78, et que les régions lorraines, où il est le plus abondant encore, ont un indice variant de 83,43 (Briey) à 82,95 (Metz), et qu'il est par conséquent beaucoup plus voisin de la moyenne celtique 84,05 que des 78 des races germaniques.

Je ne dirai rien de l'indice nasal, ses limites de variation sont si étendues qu'il me serait impossible pour le moment d'en dresser une carte analogue à la ente, on remarquera qu'il est intermédiaire entre ceux des races composantes, ce qui ressort de ce que nous avons dit précédemment, la tête du Lorrain est germanique dans ses longueurs verticales, celtique en largeur ; c'est ce qu'indique aussi l'indice facial total de la tête, par lequel on compare la hauteur du vertex au menton à la largeur bizygomatique = 100.

Si nous passons aux caractères descriptifs, nous dirons que le Lorrain a la peau blanche passant au rouge brique par l'exposition prolongée au soleil. Les yeux sont clairs (bleu et gris clair) dans une proportion de 48 p. 100, neutres ou intermédiaires, c'est-à-dire châtains dans celle de 36 p. 100, foncés 16 fois sur 100. Les cheveux, en général absolument blonds et même cendrés dans la première enfance, se foncent avec l'âge. Nous trouvons la répartition suivante pour 100 : blonds 54, châtains ou intermédiaires 36, bruns 10. C'est à peu près le même rapport qu'entre les yeux de diverses teintes.

En résumé, les populations lorraines nous offrent le curieux résultat de la fusion produite entre deux races principales après trente siècles environ de mélange. Il ne s'est pas, comme on eut pu s'y attendre, formé un type exactement moyen ; le Lorrain actuel a pris à l'un et l'autre certains caractères. La race germanique lui a légué sa haute taille, son teint rosé, et une tendance manifeste aux yeux et cheveux clairs. Les diverses proportions des segments du corps qui sont presque absolument sous la dépendance de la taille, ont été naturellement germaniques. En revanche il tient du Celte le crâne, et avec lui le cerveau qu'il enveloppe, car, par tous les traits de son caractère moral, par son invincible attachement au sol, son amour du travail, sa patience, son esprit d'ordre et d'économie, le paysan lorrain est absolument un Celte.

Nancy, impr. Berger-Levrault et Cⁱᵉ.